간장종지

간장종지

정채봉 「묵상집」

정채봉 지음 · 하정민 그림

샘터

차 례

사람의 터 · 11
양에 대한 의문 · 12
빈 주머니 · 14
왜? · 15
진짜와 가짜 · 16

수도원 일기 1 · 18
진짜 물 · 21
어떤 강의 · 22
돌멩이와 배 · 23
차 있는 무덤 · 24
우리 가운데 · 26
무엇을 좋아하느냐? · 27

수도원 일기 2 · 28
진짜가 보일 때 · 30
이런 문 저런 문 · 31
닮은 꼴 · 33
누구 편인가 · 34
서식처 · 35
굶주린 사람들 · 36

수도원 일기 3 · 37
없음 · 39
향나무와 옻나무 · 40
마음 밭 · 41
밀과 가라지 · 42
묘지기의 엽서 · 43
기적의 때 · 44

수도원 일기 4 · 46
어떤 의처가의 고백 · 47
어머니 · 48
하늘 · 49
청개구리들 · 50
어떤 모임에서 · 51
빚쟁이들 · 52

수도원 일기 5 · 53
생명 · 55
배은망덕 · 56
카이사르의 마지막 것 · 57
신나눗셈 · 58

수도원 일기 6 · 59
출입금지 · 60
미륭 씨의 일기 · 61
어떤 유언 · 62
그 아들에 그 아버지 · 63
귀지 · 64
먼저 가는 사람 · 65

수도원 일기 7 · 66
어떤 손님 · 68
밥 · 69
성가정 · 71
만남 · 72
낚시 가게 · 73
발작의 이유 세 가지 · 74

수도원 일기 8 · 75
진짜와 가짜 · 76
측은지심 · 77
때時 · 78
징검다리 · 79
현대 교회 별명들 · 80
사망진단서 · 81

수도원 일기 9 · 82
거리와 넓이 · 83
저주받은 밀알 · 84
오늘의 베드로 · 85
독버섯도 부활한다 · 86
마침표와 느낌표 · 87
증인 자격 · 88
농부의 가지치기 원칙 · 89

수도원 일기 10 · 90
참 심부름꾼 · 92
두 가지 열매 · 94
잠근 문 · 95
교정 · 96
당신의 피는? · 97
돌밭에 뿌려지는 씨 · 98

수도원 일기 11 · 99
원인 · 100
악마의 낚시술 · 101
악마의 답안 · 102
악마의 기적 · 103

수도원 일기 12 · 104
간수이냐 자유이냐 · 105
비만 속의 쇠약 · 106
빵이 드나드는 곳 · 107
헛빵 먹은 사람 · 108
사람 좇기 · 109
어떤 샘물 · 110
보청기 상회 · 111

수도원 일기 13 · 112
버리는 법 · 114
부끄러움 · 115
죽기보다 어려운 것 · 117
아차고개 · 118
종의 변신 · 119

수도원 일기 14 · 120
벌떡이와 꾸물이 · 122
선택의 죄 · 123
왕중왕 · 124
폼페이에서 온 엽서 · 125

수도원 일기 15 · 126
광야 · 127
꺼지지 않는 불 · 129
자장가 · 130
불감증 · 131
어느 면접시험 교수의 고백 · 132
오늘 이 자리에서 · 133

수도원 일기 16 · 134
출신 · 135
저는 죄인입니다 —일본 대지진을 보고 · 136
어떤 반항 · 137
청개구리 · 138
메아리 · 139
어떤 유혹 · 140

수도원 일기 17 · 141
환영 · 143
회개하지 않으면 —어느 묘비명墓碑銘에서 · 144
먼저 · 145
하느님이 좋아하시는 기도 · 146

수도원 일기 18 · 147
장외 홈런 · 148
의심 · 149
아침 · 150
머리카락의 생명 · 151
어떤 대화 · 152
함께 사는 바다 · 153

수도원 일기 19 · 154
숨소리 · 155
하느님의 삐삐 · 156
배부른 날 · 157
핑계 · 158
무전여행 · 159
현대인의 이웃 · 160

수도원 일기 20 · 162
가짜 예수 되는 순서 · 163
한마음 · 164
자기도 모르는 자기 · 165
빈손 · 166
이유 있는 별리別離 · 167

수도원 일기 21 · 168
좁은 문 · 170
옷걸이들 세상 · 171
이상한 환영 · 172
사람 사치 · 173
느낌 차이, 하늘과 땅 · 175
믿음 · 176

수도원 일기 22 · 177
십일조 · 178
의심 · 179
최고의 낮은 터 · 181
죄의 집 · 182

수도원 일기 23 · 183
왕관의 변화 · 185
하얀 기도 · 186
성가정의 조건 · 188

소유의 양이 기준이 아니다.
적게 가져도 만족하면 부자이나
많이 가지고도
만족하지 못하면 빈자이다.

사람의 터

아우가 말했다.
"그곳은 풍광이 수려합니다. 설경도 그만이어요."
형이 말했다.
"내가 아는 곳은 경치는 별로이나
역사의 인물을 낸 땅이다.
경치를 즐기러 가는 것도 좋으나
인물의 터를 찾아보는 것이 더 나을 것이다."

예수님께서는 헤로데 임금 때에 유다 베들레헴에서 태어나셨다. 그러자 동방에서 박사들이 예루살렘에 와서 "유다인들의 임금으로 태어나신 분이 어디 계십니까? 우리는 동방에서 그분의 별을 보고 그분께 경배하러 왔습니다" 하고 말하였다.

마태 2, 1-2

양에 대한 의문

형이 말했다.
"양은 남을 공격할 뿔을 가지지 않았다.
송곳니도 가지지 않았다.
그런데도 멸종하지 않고 번성한다."
아우가 말했다.
"어느 것 하나 사람들에게 주지 않는 것이 없어요.
털은 의류로, 껍질은 가죽 제품으로,
살은 고기로, 심지어 내장까지도 국거리로 줘요.
왜 그렇죠, 형?"

이튿날 요한은 예수님께서
자기 쪽으로 오시는 것을 보고 말하였다.
"보라, 이 세상의 죄를 없애시는 하느님의 어린 양이시다."
요한복음서 1, 29

빈 주머니

아우가 말했다.
"그러나 형, 소유도 기쁨을 줍니다."
"아니다. 명예나 돈이 들어왔다 나간 주머니보다는
아예 빈 주머니가 행복하다. 일시라도 가졌던
맛이 후일에 고통이 되기 때문이다."

"행복하여라, 마음이 가난한 사람들!
하늘나라가 그들의 것이다."

마태 5, 3

왜?

아우가 불평하였다.
"하느님은 왜 선한 사람에게나 악한 사람에게나
똑같이 햇빛을 주시고 비를 주시는지 모르겠어요."
형이 대답했다.
"그럼 너는 미운 자식이라고
따로 밥상을 차려 주는 부모를 보았느냐."
아우가 말했다.
"하느님은 선한 사람에게 역경을 주시기도 하는 걸요."
형이 대꾸했다.
"햇빛만 내리면 사막이 되고 만다."

그래야 너희가 하늘에 계신 너희 아버지의 자녀가 될 수 있다.
그분께서는 악인에게나 선인에게나 당신의 해가 떠오르게 하시고,
의로운 이에게나 불의한 이에게나 비를 내려 주신다.

마태 5, 45

진짜와 가짜

형이 말했다.
"빛이 빛일 수 있는 것은
어둠을 물리치기 때문이다.
어둠에 지워지는 것은 빛이 아니다.
그런데 세상의 사금파리들은
햇빛 속에서는 저도 빛을 쏜다."
아우가 말을 받았다.
"그러나 그 사금파리들은 해가 지고 어둠이 오면
어디에 있는지도 알 수 없지요."

"너희는 세상의 빛이다. 산 위에 자리 잡은 고을은 감추어질 수 없다.
등불은 켜서 함지 속이 아니라 등경 위에 놓는다.
그렇게 하여 집 안에 있는 모든 사람을 비춘다."

마태 5, 14-15

수도원 일기 1

담 없는 산자락에 전깃불이 적요하게
물려 있는 수도원을 들어서다.
개가 짖다가 가까이 가자 처음
보는데도 이내 짖기를 멈추고
꼬리를 흔든다.
원장 신부님은 이제부터는 침묵으로
영혼의 밥을 삼으라 한다.
그리고 몸의 밥을 먹으러 가자며
식당으로 안내한다.
반찬 3가지(김치, 콩자반, 된장국)와 현미밥을 먹다.
정해 준 3층 3번째 방에 들다.
처음 만나는 방, 가족들과 첫인사를 나누다.
나무 침대야 안녕, 이불아 안녕, 책상아
안녕, 걸상아 안녕,
옷장아 안녕, 빨래 걸이야 안녕,
(하마터면 빠뜨릴 뻔했네)
쓰레기통아 안녕.

진짜 물

아우가 물었다.
"형, 생명수는 색이 아름답겠네요?"
"아니다. 색이 없다."
"그럼 향기가 있나요?"
"향기도 없다."
"그럼 맛은요?"
"맛도 없다."
"그러니 그런 물을 누가 좋아하겠어요?"
형이 한참 동안 침묵하고 있다가 말했다.
"그러나 갈증을 가셔 주는 진짜 물은
무색, 무취, 무미하다는 것을 알아야 한다."

예수님께서 그 여자에게 이르셨다.
"이 물을 마시는 자는 누구나 다시 목마를 것이다.
그러나 내가 주는 물을 마시는 사람은 영원히 목마르지 않을 것이다.
내가 주는 물은 그 사람 안에서 물이 솟는 샘이 되어
영원한 생명을 누리게 할 것이다."

요한 4, 13-14

어떤 강의

악마네 학교의 악마 교수 강의록
"진짜 바람둥이는 옷깃 한 번 스치는 것으로도
상대를 알아봅니다.
예민할수록 의외로 쉬울 수도 있어요.
인간이 죄 앞에서 망설일 때
이렇게 소곤거리세요.
이만한 것은 죄의 축에 들지도 않는다고.
그리고 딱 이번 한 번만이라고.
낚시 바늘이 크다고 큰 고기를 낚는 게 아닙니다.
제대로 걸렸을 때 끌려 나오는 거예요."

그때에 예수님께서 그에게 말씀하셨다.
"사탄아, 물러가라. 성경에 기록되어 있다.
'주 너의 하느님께 경배하고 그분만 섬겨라.'"

마태 4, 10

돌멩이와 배

아우가 물었다.
"형, 같은 죄인인데
왜 예수님께 의탁한 사람만이 다시 삽니까?"
"돌멩이를 바다에 던져 보아라.
어찌 돌멩이가 뜨겠느냐?
그러나 배에 실린 돌멩이는 가라앉지 않는다."

예수님께서는 이렇게 말씀하시고 나서 큰소리로 외치셨다.
"라자로야, 이리 나와라."
그러자 죽었던 이가 손과 발은 천으로 감기고
얼굴은 수건으로 감싸인 채 나왔다.
요한 11, 43-44

차 있는 무덤

아우가 말했다.
"꿈에 내가 본 몇몇 사람들의 무덤은 여우 굴이
되어 있기도 하고 독사 굴이 되어 있기도 하던데요."
형이 대답했다.
"그게 바로 비우지 않은 인간들의 마음속이란다."

주간 첫날 이른 아침, 아직도 어두울 때에
마리아 막달레나가 무덤에 가서 보니, 무덤을 막았던 돌이 치워져 있었다.
요한 20, 1

우리 가운데

형이 말했다.
"유다는 우리 가운데서
그것도 사랑받은 이들 중에서 나타났지,
저들한테서 특별히 온 자가 아니다."

저녁때가 되자 예수님께서 열두 제자와 함께 식탁에 앉으셨다.
그들이 음식을 먹고 있을 때에 예수님께서 말씀하셨다.
"내가 진실로 너희에게 말한다. 너희 가운데 한 사람이 나를 팔아넘길 것이다."
마태 26, 20-21

무엇을 좋아하느냐?

결혼하고자 찾아온 젊은 남녀에게
신부님이 말씀하셨다.
"상대의 몸과 정신 중 무엇이 좋아
결혼하고자 하는지 생각해 보시오.
그리고 몸의 눈보다 마음의 눈으로 본 것을
서로 믿고 따를 수 있는지 생각해 보시오."

그리고 나서 토마스에게 이르셨다.
"네 손가락을 여기 대 보고 내 손을 보아라. 그리고 의심을 버리고 믿어라."
요한 20, 27

수도원일기 2

기상 징소리에 잠이 깨다. 5시 30분.
이불을 개고, 개어 놓은 이불 위에
베개를 얹고 창문을 열다.
기다리고 있었다는 듯이
찬바람이 씽 하고 들어와 얼굴을 씻어 주다
(세수 한번 시원하네).
어둠이 가시지 않아서 날씨는 알 수 없으나
일기에 전혀 관심이 없다.
해가 들면 어떻고,
바람이 불면 어떻고,
눈이 오면 어떠랴.
해가 들어 주어도 고맙고,
바람이 불어 주어도 고맙고,
눈이 와 주어도 고마울 뿐.
그렇다. 고맙지 않은 것이 없다.
밤은 밤이어서 고맙고,
새벽은 새벽이어서 고맙고,
낮은 낮이어서 고맙다.
아, 고마운 이 삼라만상이여!

진짜가 보일 때

형이 아우한테 말했다.
"그 사람의 진짜가 보이는 것은
함께 여행을 했을 때, 식사를 할 때,
도박판에 앉았을 때 그리고
위급함이 나타났을 때이다."

그들과 함께 식탁에 앉으셨을 때,
예수님께서는 빵을 들고 찬미를 드리신 다음
그것을 떼어 그들에게 나누어 주셨다.
그러자 그들의 눈이 열려 예수님을 알아보았다.
그러나 그분께서는 그들에게서 사라지셨다.

루카 24, 30-31

이런 문 저런 문

형이 말했다.
"똥개 뒤를 따르면 구린 데로 가게 되고
오리 뒤를 따르면 물 있는 데로 가게 된다."

"내가 진실로 진실로 너희에게 말한다. 양 우리에게 들어갈 때에
문으로 들어가지 않고 다른 데로 넘어 들어가는 자는 도둑이며 강도다.
그러나 문으로 들어가는 이는 양들의 목자다."
요한 10, 1-2

닮은 꼴

아우가 말했다.
"제가 아버지를 닮았지요?"
형이 대답했다.
"생김이야 강아지도 제 어미를 닮는다.
진정한 닮음은 행동에서 나타난다."

"내 계명을 받아 지키는 이야말로 나를 사랑하는 사람이다.
나를 사랑하는 사람은 내 아버지께 사랑을 받을 것이다.
그리고 나도 그를 사랑하고 그에게 나 자신을 드러내 보일 것이다."
요한 14, 21

누구 편인가

하느님은 진리이다(악마는 가짜이다).
하느님은 사랑이다(악마는 미움이다).

당신은 혹시 당신의 이익 때문에
악마 편이 되어 있지는 않은지…….

"나를 본 사람은 곧 아버지를 뵌 것이다.
그런데 너는 어찌하여 '저희가 아버지를 뵙게 해 주십시오' 하느냐?
내가 아버지 안에 있고 아버지께서 내 안에 계시다는 것을
너는 믿지 않느냐?"

요한 14, 9b-10a

서식처

몸에서 나온 말들
"못하겠어. 피곤해. 어려워.
절대 안 돼……."
성령에서 나온 말들
"할 수 있어. 힘내.
다시 시작하는 거야.
그럼에도 불구하고……."

예수님께서 다시 그들에게 이르셨다.
"평화가 너희와 함께. 아버지께서 나를 보내신 것처럼 나도 너희를 보낸다."
이렇게 이르시고 나서 그들에게 숨을 불어넣으며 말씀하셨다.
"너희가 누구의 죄든지 용서해 주면 그가 용서를 받을 것이고,
그대로 두면 그대로 남아 있을 것이다."

요한 20, 21-23

굶주린 사람들

사제가 오랜만에
성당에 나온 교우를 향해 말했다.
"수척하시군요.
그러다간 영양실조 되시겠어요."
"신부님, 저는 지금 살이 너무 불어서 고민인 걸요."
"형제의 육체 상태를 말하는 것이 아닙니다.
영혼의 영양 상태를 말하는 거예요."

"나는 하늘에서 내려오는 것으로, 이 빵을 먹는 사람은 죽지 않는다.
내가 줄 빵은 세상에 생명을 주는 나의 살이다."
요한 6, 51

수도원 일기 3

솔숲 사이로 난 오솔길을 걷다.
새벽 미사 때 부른 성가를 콧노래로
흥얼거리며 걷다.

저 수풀 속 산길을 홀로 가며
아름다운 새소리 들을 때
산 위에서 웅장한 경치 볼 때
냇가에서 미풍에 접할 때

그런데 보라, 끝 부분에서 난데없이 끼어든
'사랑의 눈동자' 어쩌고 하는 속가를.
여우 꼬리 굴뚝 속에서 삼 년 박아 둔
그 모양 그 꼴이라는 속담이 실감나네.

없음

형이 말했다.
"용서하였다고 말하는 걸 보니
네 용서가 아직도 부족하구나.
용서해 준, 네 지금의 그 마음까지도
잊혀지도록 용서하라."

그때에 베드로가 예수님께 다가와,
"주님, 제 형제가 저에게 죄를 지으면
몇 번이나 용서해 주어야 합니까?
일곱 번까지 해야 합니까?" 하고 물었다.
예수님께서 그에게 대답하셨다.
"내가 너에게 말한다. 일곱 번이 아니라 일흔일곱 번까지도 용서해야 한다."

마태 18, 21-22

향나무와 옻나무

형이 말하였다.
"진리는 향나무이고 허위는 옻나무이다.
향나무는 찍는 도끼에도 향을 묻히나
옻나무는 가까이 하는
사람에 피부병을 전한다."

그리고 너희는 내 이름 때문에 모든 사람에게 미움을 받을 것이다.
그러나 끝까지 견디는 이는 구원을 받을 것이다.
마태 10, 22

마음 밭

형이 말하였다.
"좋은 밭도 좋은 씨앗을 뿌리지 않으면
잡초 밭이 되고 만다. 네 마음 밭에는
지금 무엇이 자라고 있느냐?"

또 어떤 것들은 가시덤불 속에 떨어졌는데,
가시덤불이 자라면서 숨을 막아 버렸다.
그러나 어떤 것들은 좋은 땅에 떨어져 열매를 맺었는데,
어떤 것은 백 배, 어떤 것은 예순 배, 어떤 것은 서른 배가 되었다.
귀 있는 사람은 들어라.

마태 13. 7-9

밀과 가라지

두 사람이 있다.
한 사람은 기관원이었고
한 사람은 거지였다.
한 사람의 특기는 고문 기술이었고
한 사람의 특기는 얻은 것도 나누는 것이었다.
지금 한 사람은 꽃동네에 동상으로 있고
한 사람은 현상 붙여져 쫓기고 있다.
당신은 누구의 이웃인가.

수확 때까지 둘 다 함께 자라도록 내버려 두어라.
수확 때에 내가 일꾼들에게, 먼저 가라지를 거두어서
단으로 묶어 태워 버리고 밀은 내 곳간으로 모아들이라고 하겠다.
마태 13, 30

묘지기의 엽서

모두 빈손으로 오더라.
근자에는 교통사고로 많이 오더라.
살찐 사람일수록 구더기가 많이 끓더라.
이쪽에 대해서는 천년만년 기대할 것이 없다.
썩지 않는 쪽에 대해서나
좀 알아보고 살기 바란다.

"하늘나라는 밭에 숨겨진 보물과 같다.
그 보물을 발견한 사람은 그것을 다시 숨겨 두고서는
기뻐하며 돌아가서 가진 것을 다 팔아 그 밭을 산다."

마태 13. 44

기적의 때

아우가 물었다.
"형, 기적은 어느 때 일어납니까?"
형이 대답하였다.
"네가 가진 것의 마지막까지를
다 내놓았을 때이다.
새벽이 가장 깊은 밤의 끝에 있지 않느냐."

빵 다섯 개와 물고기 두 마리를 손에 들고 하늘을 우러러
찬미를 드리신 다음 빵을 떼어 제자들에게 주시니,
제자들이 그것을 군중에게 나누어 주었다.
사람들은 모두 배불리 먹었다.

마태 14, 19b-20a

수도원 일기 4

하느님께서 나라는 사람한테
맡겨 주신 것이 우리 몸입니다.
곧 나라는 사람은 내 몸의
청지기 인거예요. 청지기는 마땅히
주인의 뜻이 무엇일까를 생각하여
맡겨 주신 것을 주인의 마음에 들게
써야지, 자기가 마치 주인인 양
함부로 오만하게 굴다가는
쫓겨나기 마련입니다.

-이한택 신부님의 강론 중

어떤 의처가의 고백

"의심은 없는 병도 지어 내고
믿음은 있는 병도 없애 주더군요."

예수님께서 곧 손을 내밀어 그를 붙잡으시고,
"이 믿음이 약한 자야, 왜 의심하였느냐?" 하고 말씀하셨다.
마태 14, 31

어머니

어머니는 하늘을 품에 안고 있는 사람이다.
그러므로 이 땅에 사는 동안
하느님 대신 자녀를 돌보게 되는 것이다.
어머니!
당신은
당신 마음에 들게 아이를 키우고 있는가요?
아니면 하느님 마음에 들게 키우고 있는가요?

내 주님의 어머니께서 저에게 오시다니 어찌 된 일입니까?
보십시오, 당신의 인사말 소리가 제 귀에 들리자
저의 태 안에서 아기가 즐거워 뛰놀았습니다.

루카 1. 43-44

하늘

어떤 사람이 죽어서
하늘의 자기 자리를 찾아가 보니
온통 쓰레기와 오물 천지였다.
천사가 말하였다.
"네가 땅에서 지은 죄가 네 터를 이렇게
지옥으로 변하게 한 것이다."

또 나는 너에게 하늘나라의 열쇠를 주겠다.
그러니 네가 무엇이든지 땅에서 매면 하늘에서 매일 것이고,
네가 무엇이든지 땅에서 풀면 하늘에서도 풀릴 것이다.

마태 16, 19

청개구리들

형이 말했다.
"무엇이나 부모가 시킨 것과는
반대로 하는 녀석이 청개구리다.
현대인들 또한 자기를 버리기는커녕
자기 내세우기에 안달하며
십자가를 지기는커녕
맡기면 어쩌나 하고 숨어 다닌다."

"누구든지 내 뒤를 따라오려면,
자신을 버리고 제 십자가를 지고 나를 따라야 한다.
정녕 자기 목숨을 구하려는 사람은 목숨을 잃을 것이고,
나 때문에 자기 목숨을 잃는 사람은 목숨을 얻을 것이다."

마태 16, 24-25

어떤 모임에서

십자가를 가리키면
십자가를 바라봐야지,
왜 손가락 끝을 보고
시비를 거는가?

"네 형제가 너에게 죄를 짓거든,
가서 단둘이 만나 그를 타일러라.
그가 네 말을 들으면 네가 그 형제를 얻은 것이다."
마태 18, 15

빚쟁이들

"하느님께 빚진 것을 네 이웃에 베풀어라."
"내가 언제 하느님께 빚을 졌다고 그러십니까?"
"햇빛 값을 계산해 보셨습니까?
아니, 산소 값을 계산해 보셨냐고요?"

그러자 주인이 그 종을 불러들여 말하였다.
"이 악한 종아, 네가 청하기에 나는 너에게 빚을 다 탕감해 주었다.
내가 너에게 자비를 베푼 것처럼 너도 네 동료에게 자비를 베풀었어야 하지 않느냐?"
그러고 나서 화가 난 주인은 그를 고문 형리에게 넘겨 빚진 것을 다 갚게 하였다.

마태 18, 32-34

수도원 일기 5

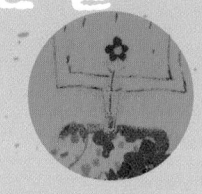

어떠한 기다림도 없이 한나절을
개울가에 앉아 있었네.
미움이란 내 바라는 마음 때문에
생기는 것임을 이제야 알겠네.
개울물은 더함도, 덜함도, 바람도 없이
졸졸졸 길이 열리는 만큼씩 메우며
흘러가누나.

생명

"형, 그분은 뉴스에 자주 나와요.
작은 움직임조차도 인물 동정난에 나오는걸요."
"오늘의 신문은 내일의 폐지다.
청사의 인물은 폐지 속에 묻히는 사람이 아니라,
민중의 가슴속에 살아 있는 사람이다."

"누구든지 내 뒤를 따라오려면,
자신을 버리고 날마다 제 십자가를 지고 나를 따라야 한다.
정녕 자기 목숨을 구하려는 사람은 목숨을 잃을 것이고,
나 때문에 자기 목숨을 잃는 그 사람은 목숨을 구할 것이다."
루카 9, 23-24

배은망덕

형이 아우에게 말했다.
"하느님은 인간에게 황홀한 자연을 맡겨 주었다.
그런데 물신物神병에 걸린 인간들이
사정없이 자연을 훼손하기 시작했다.
하느님은 홍수와 가뭄의 전령을 보내기도 하고
산성비의 전령을 보내기도 하나
교만한 인간들은 반성하기는커녕
과학이라는 것으로 조작하려고까지 하고 있다.
이대로 가다가는 하느님이 인간한테서
아예 자연을 빼앗아 버릴 날이 올 것이다."

그러므로 내가 너희에게 말한다.
하느님께서는 너희에게서 하느님의 나라를 빼앗아,
그 소출을 내는 민족에게 주실 것이다.

마태 21, 43

카이사르의 마지막 것

형이 말하였다.
"돈 나는 모퉁이를 조심하여라.
거기에서 맨 나중에 나오는 것은 죽음이다."

그들이 데나리온 한 닢을 가져오자 예수님께서,
"이 초상과 글자가 누구의 것이냐?" 하고 물으셨다.
그들이 "황제의 것입니다" 하고 대답하였다.
그때에 예수님께서 그에게 돌려주고,
"황제의 것은 황제에게 돌려주고, 하느님의 것은 하느님께 돌려 드려라."

마태 22, 19b-21

신나눗셈

학교 나눗셈은 이렇다

2÷2=1

슬픔 나눗셈은 이렇다

2÷2=0

복음 나눗셈은 이렇다

2÷2=4

예수님께서는 그들에게 다가가 이르셨다.
"나는 하늘과 땅의 모든 권한을 받았다.
그러므로 너희는 가서 모든 민족을 제자로 삼아,
아버지와 아들과 성령의 이름으로 세례를 주고,
내가 너희에게 명령한 모든 것을 가르쳐 지키게 하여라.
보라, 내가 세상 끝 날까지 언제나 너희와 함께 있겠다."

마태 28, 18-20

수도원 일기 6

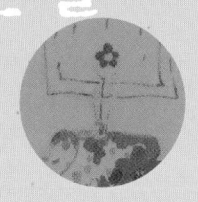

동남쪽 창을 닫다.
해질 무렵이면 이상하게도
서울 가는 길로 불을 켜고 달리는 차들한테
마음이 쓰이기 때문에.
저녁 식사 후, 뜰에서 무심히 하늘을 우러르다
검정 비로드 천에 묻어 있는 듯한
하얀 실밥 같은 달을 본다.
방에 들어와 달력을 보니 오늘이
초하루네.
아, 초하루도 달이 있구나.

출입금지

자선 바자가 열리고 있다는 호텔 입구에서
예수님이 두들겨 맞고 쫓겨났다.
승용차를 타고 오지 않았을 뿐더러
남루한 옷을 입었고 빈자들과 함께
들어가려고 했기 때문이다.

잔칫집에서는 윗자리를,
회당에서는 높은 자리를 좋아하고,
장터에서 인사받기를,
사람들에게 스승이라고 불리기를 좋아한다.
마태 23, 6-7

미룸 씨의 일기

자동차를 타고 가던 나는 꽝 하고 부딪치는 소리에
정신 잃었다. 한참 후 들려오는 소리가 있었다.
"너는 왜 좋은 일은 한 것도 없이
성사도 안 보고 지냈느냐?"
"안 한 것이 아닙니다. 미루었을 뿐입니다."
"지옥에 가보아라. 다 너처럼 미룸 씨들이다."
나는 흐느끼며 빌었다.
"이제야 깨어 있으라는 말을 알아듣겠습니다.
앞으로는 하루하루를 마지막인 것처럼
준비하고 살겠으니
이번 한 번만 용서해 주십시오."

"그러니 깨어 있어라. 너희가 그 날과 그 시간을 모르기 때문이다."
마태 25, 13

어떤 유언

한 사람이 병자성사를 받으면서
이렇게 말하였다.
"하느님께서 주신 귀한 몸을 보관하는 데만
급급하고 살아온 것 같습니다.
이제 내 영혼이 떠나는 마당에
썩히기까지 한다는 것은 큰 잘못입니다.
어디 성한 지체가 있거든
다른 분께 옮겨서
보다 좋은 세상살이가 되게 해주십시오."

그는 각자의 능력에 따라 한 사람에게는 다섯 탈렌트,
다른 사람에게는 두 탈렌트,
또 다른 사람에게는 한 탈렌트를 주고 여행을 떠났다.
다섯 탈렌트를 받은 이는 곧 가서 그 돈을 활용하여
다섯 탈렌트를 더 벌었다.

마태 25, 15-16

그 아들에 그 아버지

마루 밑에서 잃어 버린 만년필을
마루 위에서 찾고 있는
아들한테 아버지가 말했다.
"이 미련한 녀석아, 마루 밑으로
들어가 찾아야 하지 않느냐?"
그러자 아들이 대꾸했다.
"아버지도 낮은 데에 있겠다는
예수님을 높은 데로만
찾아다니면서 뭘 그러세요."

그러면 임금이 대답할 것이다.
'내가 진실로 너희에게 말한다. 너희가 내 형제들인
이 가장 작은 이들 가운데 한 사람에게 해 준 것이 바로 나에게 해준 것이다.'
마태 25, 40

귀지

하늘나라 소식을 못 들었다는 사람의 귀를
천사가 들여다보곤 혀를 찼다.
"세상에, 아주 꽉 막혀 있군요."
"아니, 무엇으로 막혀져 있습니까?"
"지폐와 각종 임명장과 도색 필름입니다."

그러니 깨어 있어라.
집주인이 언제 돌아올지, 저녁일지, 한밤중일지, 닭이 울 때일지,
새벽일지 너희가 모르기 때문이다.

마르 13, 35

먼저 가는 사람

겨울 등반을 떠나는 아우한테
형이 말했다.
"눈으로 길이 없어진 산은
첫 번째 사람이 잘 가야 한다.
다음 사람들이 그 사람의
발자국을 따르기 때문이다."

'너희는 주님의 길을 마련하여라. 그분의 길을 곧게 내어라' 하고
기록된 대로, 세례자 요한이 광야에 나타나
죄의 용서를 위한 회개의 세례를 선포하였다.

마르 1, 3b-4

수도원일기 7

방이 건조해서 물에 적셔 널어놓은 수건이
밤사이에 바짝 말랐다.
저 하잘 것 없는 수건조차도
자기 가진 물기를
저렇게 아낌없이 주고 있는데…….

어떤 손님

"당신한테 손님이 찾아갈 것이다."
"저희 집에는 빈방이 없는데요."
"그건 걱정하지 않아도 되오.
그 손님은 당신네 집의 방이 아니라
마음의 방에 드실려고 하니까요.
구석구석 청소나 잘해 놓으시오."

마리아가 말하였다.
"보십시오. 저는 주님의 종입니다.
말씀하신 대로 저에게 이루어지기를 바랍니다."
그러자 천사는 마리아에게서 떠나갔다.

루카 1, 38

밥

어머니가 아들에게 말했다.
"나는 네 몸의 밥을 주지만
내 뒤의 어머니는
네 영혼의 밥을 주실 것이다."

그리고 이렇게 선포하였다.
"나보다 더 큰 능력을 지니신 분이 내 뒤에 오신다.
나는 몸을 굽혀 그분의 신발 끈을 풀어 드릴 자격조차 없다.
나는 너희에게 물로 세례를 주었지만,
그분께서는 너희에게 성령으로 세례를 주실 것이다."

마르 1, 7-8

성가정

선생님이 아이들에게 물었다.
"집의 주권이 누구한테 있지요?"
아이들은 너도 나도 아버지한테 있다고 대답했다.
어머니한테 있다고 한 아이도 몇 있었다.
그런데 한 아이만이 이렇게 대답했다.
"저희 집의 주권은 하느님께 있습니다."

그들이 거기에 머무르는 동안 마리아는 해산 날이 되어,
첫아들을 낳았다. 그들은 아기를 포대에 싸서 구유에 뉘었다.
여관에는 그들이 들어갈 자리가 없었던 것이다.

루카 2, 6-7

만남

지리산 화엄사에 가면 칡나무 기둥이 있다.
칡은 넝쿨성 식물이다.
그런데 칡나무가 기둥감으로 자라게 된 것은
그 곁에 넝쿨을 걸고 올라갈 수 있는
너무도 큰 나무가 있어서
오랜 세월을 함께 자란 것으로 판단하고 있다.
하찮은 칡넝쿨도 만남이 좋아 기둥감이 될 수 있었다.
하물며 사람에게 있어서랴.

요한의 말을 듣고 예수님을 따라간 두 사람 가운데 하나는
시몬 베드로의 동생 안드레아였다. 그는 먼저 자기 형 시몬을 만나,
"우리는 메시아를 만났소." 하고 말하였다. '메시아'는 번역하면 '그리스도'이다.
요한 1, 40-41

낚시 가게

현대인들에게 가장 잘 팔리는 낚시는
돈을 낚는 낚시, 감투를 낚는 낚시
미인을 낚는 낚시 등이고
가장 안 팔리는 낚시는
예수 낚시, 공자 낚시 등이다.

"나를 따라오너라.
내가 너희를 사람 낚는 어부가 되게 하겠다."

마르 1, 17

발작의 이유 세 가지

이만한 부탁도 안 들어주느냐.
당신 없이는 살아도 돈 없이는 못산다.
나는 절대 죽을 수 없다.

예수님께서 그에게 "조용히 하여라. 그 사람에게서 나가라" 하고 꾸짖으시니,
더러운 영은 그 사람에게 경련을 일으켜 놓고 큰소리를 지르며 나갔다.
마르 1, 25-26

수도원일기 8

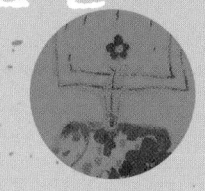

눈 내리는 수도원의 한나절.
마른 풀 한낱도 기척하지 않네.
공간이란 공간은 모두 하얀 눈으로 차서
소리 티끌 하나 들어설 틈이
없는 것이라 생각하네.
문득 아 눈 속에서 하도 적막하여
제 가슴의 문짝 들어내고 싶은 이 있다면
거들고 싶네.
그 가슴속에서도
하얀 눈발 쏟아져 나올텐가.
그리움이 한이 된 음표
쏟아져 나올텐가.
나도 한 송이 눈으로 저들 속에서 춤추다가
마른자리 진자리 가리지 않고 듣는
천상의 기별이 되었으면 하네.

진짜와 가짜

"나으셨지요?"
"나은 것 같기도 합니다만……."
"어서 세상 사람들한테 내가 당신의 아픈 것을
낫게 해주었다고 널리널리 알리십시오.
나는 심야방송에 나가서 말해야겠습니다."
"예수님께서는 낫게 해주신 것을 숨기라 하고
외딴 속에 가시어 기도하고 계셨는데요?"

예수님께서는 갖가지 질병을 앓는 많은 사람을 고쳐 주시고
많은 마귀를 쫓아내셨다.
그러면서 마귀들이 말하는 말하는 것을
허락하지 않으셨다. 그들이 당신을 알고 있었기 때문이다.
마르 1, 34

측은지심

당신은 왜 달라고 하는 주제에
내놔라, 안 내놓으면 재미없다는 듯, 협박하듯이
기도합니까? 얻고자 하는 사람은 마땅히 주실 분한테
측은한 마음이 생기게 엎드려서
간절히 구해야 하는 것 아닙니까.

어떤 나병 환자가 예수님께 와서 도움을 청하였다. 그가 무릎을 꿇고 이렇게 말하였다.
"스승님께서는 하고자 하시면 저를 깨끗하게 하실 수 있습니다."
예수님께서 가엾은 마음이 드셔서 손을 내밀어 그에게 대시며 말씀하셨다.
"내가 하고자 하니 깨끗하게 되어라." 그러자 바로 나병이 가시고 그가 깨끗하게 되었다.
마르 1, 40-42

때 時

"예수님께서는 때가 다 되었다고 하셨는데
2천 년이 다 지나가고 있습니다."
"당신의 경우를 생각해 보십시오.
저쪽이 다가오고 있는데 그만큼씩 물러나면
못 만나게 되는 것 아닙니까?"

요한이 잡힌 뒤에 예수님께서는 갈릴래아에 가시어,
하느님의 복음을 선포하시며 이렇게 말씀하셨다.
"때가 차서 하느님의 나라가 가까이 왔다. 회개하고 복음을 믿어라."

마르 1, 14-15

징검다리

"죽었다가 다시 살아난다는 것은
무엇을 의미하지요?"
"징검다리를 건넜다는 말이다."
"무엇이 그 징검다리입니까?"
"죽음이지. 물신의 죽음, 비행의 죽음,
자만의 죽음…….
그 징검다리를 건너야 마침내 저쪽에
이르게 된다."

그들이 산에서 내려올 때에 예수님께서는 그들에게,
사람의 아들이 죽은 이들 가운데에서 다시 살아날 때까지,
지금 본 것을 아무에게도 말하지 말라고 분부하셨다.

마르 9, 9

현대 교회 별명들

오늘 성전에 오신 예수님은 이런 명패들을
집어 던지고 둘러엎어 버리셨다.
'일요 휴게실' '사교구락부' '신원보증위탁소'
'스캔들수집센터' '의원후보자표밭'.

유다인들의 파스카 축제가 가까워지자 예수님께서는 예루살렘에 올라가셨다.
그리고 성전에 소와 양과 비둘기를 파는 자들과 환전꾼들이 앉아 있는 것을 보시고,
끈으로 채찍을 만드시어 양과 소와 함께 그들을 모두 성전에서 쫓아내셨다.
요한 2. 13-15

사망진단서

눈을 뜨고 있고, 먹을 것을 먹고,
배설할 것을 배설하고,
사지로 거리를 활보하고 있으나
길들여진 습관일 뿐,
자아가 없으므로 분명히 죽었음.
죽음 다음은 더욱이나 희망이 없으므로
거듭 분명히 죽었음을 확인함.
시신 처리. 현재 혼이 먼저 어둠 속의 습지에서
잘 썩어 가고 있는 중이므로 걱정할 것이 없음.

−형이상학의원 원장

아버지께서 내가 목숨을 내놓기 때문에 나를 사랑하신다.
그렇게 하여 나는 목숨을 다시 얻는다.

요한 10, 17

수도원 일기 9

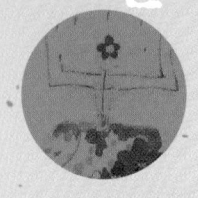

팬티와 러닝셔츠와 양말과 수건을
세탁기 속에 던져 버리는 것이 아니라
세숫대야에 담가 두고
빨래 비누를 칠해 가며 부득부득 빨다
(군대시절 말고 처음이다).
빨래를 하얗게 빨아서
방 안 빨래 걸이에 널어놓고 나니
정갈한 홀아비 방 같아서 기분이 썩 좋다.
내친김에 운동화도 빨고, 운동화 끈도 빼서 빨고는
양지쪽에 내다 놓고
나도 그 곁에 앉아서 해바라기하다.

거리와 넓이

아우가 하늘나라의 넓이에 대해서 묻자
형이 대답했다.
"마음이 청정한 사람에게는
가도 없고 끝도 없이
넓지만 마음이 탁한 사람에게는
바늘귀보다도 더
좁은 것이 하늘나라이다."

그때부터 예수님께서는
"회개하여라. 하늘나라가 가까이 왔다" 하고 선포하기 시작하셨다.
마태 4, 17

저주받은 밀알

이집트에서 한 피라미드 발굴 때
몇 천 년 썩기를 거부한 밀알도 함께
몸을 드러냈다.
이때 하늘을 날고 있던 참새가
침을 뱉으며 말했다.
"저만 아는 못된 인간 같은 밀알도 있구나.
밭에 묻혀 썩었더라면 그동안에
몇 천 가마 밀알의 조상이 되었을 터인데
이제 제 한 몸으로 달랑 나타나다니……."

밀알 하나가 땅에 떨어져 죽지 않으면 한 알 그대로 남고,
죽으면 많은 열매를 맺는다.
요한 12, 24

오늘의 베드로

"예수를 믿는다면 당신 자녀가
대학 입시에 불이익을 받게 될는지도
모릅니다. 예수를 압니까?"
"죽어도 모릅니다."

"당신도 저 나자렛 사람 예수와 함께 있던 사람이지요?"
그러자 베드로는, "나는 당신이 무슨 말을 하는지 알지도
이해하지도 못하겠소." 하고 부인하였다.

마르 14, 67b-68a

독버섯도 부활한다

암탉이 병아리를 데리고 뒤뜰로 가서
말했다.
"양지의 잔디만 부활하는 것이 아니다.
음지의 독버섯 또한 부활하니
조심하여라."

사실 그들은 예수님께서 죽은 이들 가운데에서 다시 살아나셔야 한다는
성경 말씀을 아직 깨닫지 못하고 있던 것이다.
요한 20, 9

마침표와 느낌표

아버지가 딸에게 말했다.
"육체로 사랑 확인을 하겠다는 남자라면
당장 마침표를 찍어라.
진정한 사랑은 믿는 마음속에서
느낌표로 크는 것이다."

그러자 예수님께서는 토마스에게 말씀하셨다.
"너는 나를 보고서야 믿느냐? 보지 않고도 믿는 사람은 행복하다."
요한 20, 29

증인 자격

많은 눈앞에서 죽은 사람이
다시 살아났다고 당신이 말하고 다닐 때
믿어 줄 사람이 당신에게는 있는가?

그리고 예루살렘에서부터 시작하여, 죄의 용서를 위한 회개가
그의 이름으로 모든 민족들에게 선포되어야 한다.
너희는 이 일의 증인이다.

루카 24, 47-48

농부의 가지치기 원칙

마른 가지를 우선 친다.
그리고 과만한 가지 또한 친다.

"나는 참포도나무요 나의 아버지는 농부이시다.
나에게 붙어 있으면서 열매를 맺지 않는 가지는 아버지께서 다 쳐내시고,
열매를 맺는 가지는 모두 깨끗이 손질하시어 더 많은 열매를 맺게 하신다."
요한 15, 1-2

수도원 일기 10

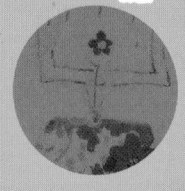

그뿐만 아니라
우리 환난도 자랑으로 여깁니다.
우리가 알고 있듯이,
환난은 인내를 자아내고
인내는 수양을, 수양은 희망을 자아냅니다.

로마 5 3-5

참 심부름꾼

거드름을 피우지 않으며,
대접을 받고자 아니하며
기쁨의 얼굴도 더도 덜도 없이
받은 그대로를 전해 주고
아쉬움을 느끼게 상큼
돌아가는 사람.

예수님께서는 이어서 그들에게 이르셨다.
"너희는 온 세상에 가서 모든 피조물에게 복음을 선포하여라."
마르 16, 15

두 가지 열매

썩을 열매 : 지폐, 명함, 차지
썩지 않을 열매 : 벗, 양심, 베풂

너희가 많은 열매를 맺고 내 제자가 되면,
그것으로 내 아버지께서 영광스럽게 되실 것이다.
요한 15, 8

잠근 문

정신병원 앞에 있는
자물쇠 가게 주인이 말했다.
"자물쇠가 잘 팔릴수록 정신병원의 환자
또한 늘어 간다는 것을 알고 있지요."

그날 곧 주간 첫날 저녁이 되자,
제자들은 유다인들이 두려워 문을 모두 잠가 놓고 있었다.
그런데 예수님께서 오시어 가운데에 서시며,
"평화가 너희와 함께!" 하고 그들에게 말씀하셨다.

요한 20, 19

교정

애인의 말 중 '영원한 사랑'을 '끝이 있는 사랑'으로
'늘 함께'를 '간혹 떠남'으로
'절대 불변'을 '변하기도 함'으로 교정해 들을 것.
'영원' '항상' '절대'는 하느님의 언어이지,
인간의 언어가 아님.

-이혼 상담소 소장

"내가 너희에게 명령한 모든 것을 가르쳐 지키게 하여라.
보라, 내가 세상 끝 날까지 언제나 너희와 함께 있겠다."
마태 28, 20

당신의 피는?

첫 영성체를 한 아이가 말했다.
"아빠와 엄마 피는 무슨 형이야?"
"우리는 모두 O형이다."
"피이, 나하고 다르잖아."
"뭐라구?"
"내 피는 오늘부터 예수형이란 말이야."

"받아라. 이는 내 몸이다." 또 잔을 들어 감사를 드리신 다음
제자들에게 주시니 모두 그것을 마셨다.
그때에 예수님께서 그들에게 이르셨다.
"이는 많은 사람을 위하여 흘리는 내 계약의 피다."

마르 14, 22b-24

돌밭에 뿌려지는 씨

돌밭에 씨를 뿌리는 신부님을 보고
신자들이 배를 잡고 웃자 신부님이 말했다.
"이 돌밭은 그래도 당신들 마음보다 낫소.
당신들 마음 밭에 뿌린 예수님 씨앗은
얼마나 많이 죽고 있습니까."

예수님께서 또 말씀하셨다.
"하느님의 나라는 이와 같다. 어떤 사람이 땅에 씨를 뿌려 놓으면,
밤에 자고 낮에 일어나고 하는 사이에 씨는 싹이 터서 자라는데,
그 사람은 어떻게 그리되는지 모른다."

마르 4, 26-27

수도원 일기 11

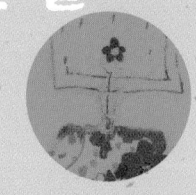

아침 8시 30분부터 9시까지는
청소 시간이다. 수사님들 스물두 명이
흩어져서 청소를 하는데도
비질하는 소리, 걸레질하는 소리
간간이 새소리밖에는 들리는 소리가 없다.
쓰레기통을 들고 나가서 버릴 곳을
두리번거리고 찾다가 키가 큰 수사님을 만나다.
엉겁결에 '이거'라고 하자
수사님은 말없이 앞장서 가서 쓰레기
출구를 열어 보여 주네.
한마디한 무안함을 씻고자
한나절을 개울가에 앉아 있다.

원인

앎은 믿음을 주고 모름은 겁을 준다.

−어떤 운전교습소 표어

예수님께서는 그들에게, "왜 겁을 내느냐?
아직도 믿음이 없느냐?" 하고 말씀하셨다.
마르 4, 40

악마의 낚시술

늙은 악마가 새내기 악마에게 넌지시
일러주었다.
"인간을 낚으려면 먼저 흩어지게 하라.
그리고 분노의 미끼를 네 낚시에 끼워라.
그리하면 네 바구니는 차고 넘칠 것이다."

"내가 또 진실로 너희에게 말한다. 너희 가운데 두 사람이 이 땅에서
마음을 모아 무엇이든 청하면, 하늘에 계신 내 아버지께서 이루어 주실 것이다."
마태 18. 19

악마의 답안

지상 근무 지원자 선발 시험에서
대악마로부터 A를 받은 답안지.
"나는 인간들에게 '무관심'이라는 묘약을 쓰겠다.
무관심한 인간들이란 결국 목자 없는 양이기 때문이다."

예수님께서는 배에서 내리시어 많은 군중을 보시고 가엾은 마음이 드셨다.
그들이 목자 없는 양들 같았기 때문이다.
그래서 그들에게 많은 것을 가르쳐 주기 시작하였다.

마르 6, 34

악마의 기적

대악마가 5천 명 군중에게 말하였다.
"여기에 보리빵 다섯 개와 물고기 두 마리밖에 없다.
선착순으로 나와 먹으라."
그러자 상상을 초월한 큰 난리가 났다.
그리고 이 난리 후에 보니
쓰레기가 다섯 차 분량에
흉기가 두 차 분량이나 되었다.

그때에 제자들 가운데 하나인 시몬 베드로의 동생 안드레아가 예수님께 말하였다.
"여기 보리 빵 다섯 개와 물고기 두 마리를 가진 아이가 있습니다만,
저렇게 많은 사람에게 이것이 무슨 소용이 있겠습니까?"
그러자 예수님께서 "사람들을 자리 잡게 하여라." 하고 이르셨다. 그곳에는 풀이 많았다.
그리하여 사람들이 자리를 잡았는데, 장정만도 그 수가 오천 명쯤 되었다.

요한 6. 8-10

수도원 일기 12

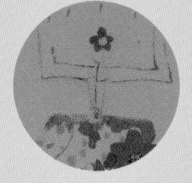

내가 뻗정다리라는 것을 알다.
성체조배를 할 때, 묵상을 할 때,
무릎을 꿇는데 15분 이상을 꿇고 앉아
있지를 못하겠다. 초등학교 시절
뽀시락 장난을 하다가 잡혀 나가서는
한 시간도 너끈히 꿇던 무릎인데…….
뻣뻣이 서서 살아가는
나의 교만한 지금을 알 만도 하네.
지금 밖은 이슬비에 젖고 있다.

간수이냐 자유이냐

딸이 외출을 하고자 하는데
두 벌의 아름다운 옷이 있었다.
이 옷을 입고도 나가고 싶고
저 옷을 입고도 나가고 싶었다.
그러자 어머니가 말하였다.
"그렇게 망설이고 있다가 차 시간 놓치겠다.
두 벌의 옷을 다 입을 수는
없는 일이니 선택을 하라.
하나는 간수의 옷이고
하나는 자유의 옷이니까."

그때에 베드로가 나서서 예수님께 말하였다.
"보시다시피 저희는 모든 것을 버리고 스승을 따랐습니다."
예수님께서 말씀하셨다. "내가 진실로 너희에게 말한다. 누구든지 나 때문에,
또 복음 때문에 집이나 형제나 자매, 어머니나 아버지, 자녀나 토지를 버린 사람은
현세에서 박해도 받겠지만 집과 형제와 자매와 어머니와 자녀와 토지를
백 배나 받을 것이고, 내세에서는 영원한 생명을 받을 것이다.

마르 10. 28-30

비만 속의 쇠약

자식한테 건강에 좋은 어떤 음식을 먹일까
걱정하는 젊은 엄마를 보고서 할머니가 말했다.
"쇠약한 데는 따로 있는데
그만하면 비만인 몸을 걱정하다니 답답하구나."
"우리 아이의 어디가 쇠약하다는 말인가요?"
"어디긴 어디야! 영혼이지."

예수님께서 그들에게 이르셨다.
"내가 생명의 빵이다. 나에게 오는 사람은 결코 배고프지 않을 것이며,
나를 믿는 사람은 결코 목마르지 않을 것이다."
요한 6, 35

빵이 드나드는 곳

형 : 빵의 수입처와 수출처가 같은 곳이 있다.
어디인지 알겠니?
아우 : 모르겠는데요.
형 : 우리들 입이다.
아우 : 입으로 빵이 들어가기는 하지만
나온다는 것은 이해할 수 없는데요.
형 : 말도 빵이지 않느냐.
문제는 우리들 입이 생명의 빵보다는 썩은 빵을
더 많이 수출하는 데 있다.

그러나 이 빵은 하늘에서 내려오는 것으로, 이 빵을 먹는 사람은 죽지 않는다.
나는 하늘에서 내려온 살아 있는 빵이다. 누구든지 이 빵을 먹으면 영원히 살 것이다.
내가 줄 빵은 세상에 생명을 주는 나의 살이다.
요한 6, 50-51

헛빵 먹은 사람

지옥으로 끌려가는 사람이 외쳤다.
"저도 예수님의 살과 피를 먹은 사람입니다."
그러자 안내인이 대꾸했다.
"먹기만 하면 뭐하느냐? 회충만 키웠으면서."

그분께서는 당신 팔로 권능을 떨치시어 마음속 생각이 교만한 자들을 흩으셨습니다.
통치자들을 왕좌에서 끌어내리시고 비천한 이들을 들어 높이셨으며
굶주린 이들을 좋은 것으로 배불리시고
부유한 사람은 빈손으로 내치셨습니다.

루카 1, 51-53

사람 좇기

길을 떠나는 딸에게 아버지가 말했다.
"사람을 택할 때는
귀에 거슬리는 말을 하는 사람을 좇아가거라.
유괴자는 한결같이
달콤한 말만 하는 법이다."

이어서 또 말씀하셨다. "그렇기 때문에, 아버지께서 허락하지 않으시면
아무도 나에게 올 수 없다고 너희에게 말한 것이다."
이 일이 일어난 뒤로, 제자들 가운데에서 많은 사람이 되돌아가고
더 이상 예수님과 함께 다니지 않았다.

요한 6, 65-66

어떤 샘물

저 세상 길을 가는 사람이
목이 타서 샘을 찾았다.
그러나 그 샘물은 악취가 코를 찌르는
시커먼 것이었다.
"이 더러운 샘 임자는 도대체 누구야?"
그러자 사자가 대답했다.
"누구긴 누구야, 바로 네 마음 샘인데."

그러고 나서 예수님께서는 다시 군중을 가까이 불러 그들에게 말씀하셨다.
"너희는 모두 내 말을 듣고 깨달아라.
사람 밖에서 몸 안으로 들어가 그를 더럽힐 수 있는 것은 하나도 없다.
오히려 사람에게서 나오는 것이 그를 더럽힌다."

마르 7, 14-15

보청기 상회

그 상회는 여러 가지 보청기들이
많이 진열되어 있었다.
곧 '진리확장 보청기'
'돈정보 보청기' '교회소식 보청기'
'섹스정보 보청기' '관광안내 보청기' 등.
그런데 그 상회에서 재고가 하도 많이 쌓여서
바겐세일을 해도 팔리지 않는 보청기는
'진리확장 보청기'와 '교회소식 보청기'라 한다.

예수님께서는 그를 군중에게서 따로 데리고 나가셔서,
당신 손가락을 그의 두 귀에 넣으셨다가 침을 발라 그의 혀에 손을 대셨다.
그리고 나서 하늘을 우러러 한숨을 내쉬신 다음, 그에게
"에파타!" 곧 "열려라!" 하고 말씀하셨다.

마르 7, 33-34

수도원 일기 13

비가 그쳐서 산책을 나서니
이슬이 솔잎 새에서 조롱조롱 반긴다.
하도 오랜만에 보는 것이라서 '오' 하고
손뼉을 치니 웬걸, 이슬방울이 하나
사라지는 것이 아닌가

이 방정!

버리는 법

"저는 이제 마음을 비웠습니다."
"그것마저도 비워야지요."
"그것마저라니요? 완전히 비웠다니까요!"
"비웠다고 말 내는 것이
비우지 않은 찌꺼기입니다.
완전히 죽지 않은 불에서
살아난 불이 더 무섭거든요."

"누구든지 내 뒤를 따르려면 자신을 버리고 제 십자가를 지고 나를 따라야 한다.
정녕 자기 목숨을 구하려는 사람은 목숨을 잃을 것이고,
나와 복음 때문에 목숨을 잃는 사람은 목숨을 구할 것이다."
마르 8, 34b-35

부끄러움

아이가 물었다.
"아빠, 가슴이 두근거리고
뺨이 빨갛게 되고, 눈 둘 곳을 못 찾게
되는 것을 무어라 하지요?"
"글쎄다. 나도 어렸을 적에는
간혹 그랬었는데 지금은 전혀
그런 것이 느껴지지 않아서
모르겠구나. '부……' 뭐라고
하는데……."

누구든지 이런 어린이 하나를 내 이름으로 받아들이면
나를 받아들이는 사람은 나를 받아들이는 것이 아니라
나를 보내신 분을 받아들이는 것이다.

마르 9, 37

죽기보다 어려운 것

원앙새가 이혼 문제로 찾아온 오리한테 말하였다.
"아무리 금슬 좋은 원앙 부부라도
이 세상을 살다 보면
이혼 한 번 생각 안 해볼 수는 없는 것이다."
오리가 대꾸했다.
"그러나 내가 아는 천둥오리네는 헤어졌는데요."
"그들은 애초에 신이 허락한 결혼이 아니었을 테지.
신이 지어 준 짝을 풀기는
죽기보다 어려운 것이다."

"둘이 한 몸이 될 것이다. 따라서 그들은 이제 둘이 아니라 한 몸이다.
하느님께서 맺어 주신 것을 사람이 갈라놓아서는 안 된다."
마르 10, 8-9

아차고개

그 공동묘지로 드는 고개 이름은
'아차고개'이다.
시신이 되어 그 고개에 이르렀을 때서야
"아차" 하고 깨닫는다는 것이다.
당신이 지금 하고 있는 일이
그 고개에서 "아차" 할 일이 아닌지?

또 네 눈이 너를 죄짓게 하거든 그것을 빼 던져 버려라.
두 눈을 가지고 지옥에 던져지는 것보다,
외눈박이로 하느님 나라에 들어가는 편이 낫다.
마르 9, 47

종의 변신

높은 분은 사람이 아닙니다.
높은 분은 의자입니다.

"너희도 알다시피 다른 민족들의 통치자라는 자들은 백성 위에 군림하고,
고관들은 백성에게 세도를 부린다. 그러나 너희는 그래서는 안 된다.
너희 가운데에서 높은 사람이 되려는 이는 너희를 섬기는 사람이 되어야 한다.
또한 너희 가운데에서 첫째가 되려는 이는 모든 이의 종이 되어야 한다."

마르 10, 42b-44

수도원 일기 14

아침나절이면 창밖의 후박나무에
어김없이 날아와 종알대는 새가 있다.
처음 온 날 누구냐고 묻는 것 같기에
'그래, 난 채봉이야' 하고 대답했더니
이튿날부턴 '채봉아, 채봉아' 하고
부르는 것처럼 들린다.
오늘은 좀 극성스럽게 부른다 싶어
창문을 열고 대꾸를 하고 만다.
"그래그래, 나 여기 있네."
그런데도 녀석은 가는귀가 먹었는지
계속 부른다.
"채봉아, 채봉아."
"그래그래, 나 여기 있다니까."
가만히 내다보니 이 가지에서 저
가지로 옮겨 다니며 갸우뚱갸우뚱
돌려 보이는 녀석의 목과 가슴털이
눈이 부시게 햇빛에 날린다.

"녀석도, 제 거기 털이
누가 검다고 했나 원."
오늘 침묵을 지키지 못한 것을
신부님께 고백하다.
신부님의 대답.
"새한테 대꾸한 것이었으니
새소리일 테지요."

벌떡이와 꾸물이

"성공하지 못한 사람들의 한 가지 공통점은
꾸물거린다는 사실입니다. 누가 불러도 벌떡
일어나서 달려 나오는 일이 없습니다.
망설이고 꾸물거리다 끝나는 거예요."

-성공연구소 소장

그는 겉옷을 벗어 던지고 벌떡 일어나 예수님께 갔다.
예수님께서 "내가 너에게 무엇을 해 주기를 바라느냐?" 하고 물으시자,
그 눈먼 이가 "스승님, 제가 다시 볼 수 있게 해 주십시오" 하였다.
예수님께서 그에게 "가거라. 네 믿음이 너를 구원하였다." 하고 이르시니,
그가 곧 다시 보게 되었다. 그리고 그는 예수님을 따라 길을 나섰다.

마르 10, 50-52

선택의 죄

한마음은 하나이기 때문에 둘이 들어갈 수 없다.
네 님을 들일 것인가?
남 님을 들일 것인가?

예수님께서 대답하셨다. "첫째는 이것이다.
'이스라엘아, 들어라. 주 우리 하느님은 한 분이신 주님이시다.
그러므로 너는 마음을 다하고 목숨을 다하고 정신을 다하고
힘을 다하여 주 너의 하느님을 사랑해야 한다.'"

마르 12, 29-30

왕중왕

두더지가 노래했다.
"진짜는 보이지 않는 뿌리를 다스리는 분이시네.
사랑도 마음을 차지하고 있는 이가 진짜 임자네."

빌라도가 "아무튼 당신이 임금이라는 말 아니오?" 하고 묻자,
예수님께서 그에게 대답하셨다. "내가 진리를 증언하려고 태어났으며,
진리를 증언하려고 세상에 왔다. 진리에 속한 사람은 누구나 내 목소리를 듣는다."
요한 18, 37b

폼페이에서 온 엽서

"……화산이 덫처럼 들이닥친 그 한 순간의
인간 군상이 지금도 발굴되고 있다.
먹다가, 입다가, 춤추다가, 즐기다가
심지어 목욕하다가 화석이 돼 버린 사람도 있으나
꿇어 엎드려 기도하던 자세로
나타나는 사람도 있다는구나."

"너희는 스스로 조심하여, 방탕과 만취와 일상의 근심으로
너희 마음이 물러지는 일이 없게 하여라.
그리고 그 날이 너희를 덫처럼 갑자기 덮치지 않게 하여라.
그 날은 온 땅 위에 사는 모든 사람에게 들이닥칠 것이다."
루카 21. 34-35

수도원 일기 15

산책길에 베드로 형을 만나 함께 돌아오다.
후박나무 가지에서 가슴 털이 하얀
그 새가 반겨 준다. 그런데 나만 그 새를
알고 있는 줄 알았더니 베드로 형이
손을 들어 안다는 기별을 보내는 것이 아닌가.
그러고 보니 오늘은 그 새가
'베드로, 베드로' 하고 부르는 것 같다.
작은 새 한 마리를 가지고 두 사람이
질투하게 생겼네.

광야

아득히 너른 바깥. 추운 곳. 배고픈 곳.
들짐승이 많은 곳. 어쩌다 빈자들이나 보이는 곳.
하지만 하느님의 말씀이 내리는 곳.

또 한나스와 카야파가 대사제로 있을 때,
하느님의 말씀이 광야에 있는 즈카르야의 아들 요한에게 내렸다.
그리하여 요한은 요르단 부근의 모든 지방을 다니며,
죄의 용서를 위한 회개의 세례를 선포하였다.

루카 3, 2-3

꺼지지 않는 불

왕초 악마가 새내기 악마에게 말했다.
"인간의 꺼질 줄 모르는 욕심이 스스로를 태우는
꺼지지 않는 불의 연료라는 것을 명심하여라."

군중이 그에게 물었다. "그러면 저희가 어떻게 해야 합니까?"
요한이 그들에게 대답하였다.
"옷을 두 벌 가진 사람은 못 가진 이에게 나누어 주어라.
먹을 것을 가진 사람도 그렇게 하여라."

루카 3, 10-11

자장가

꼬꼬닭아 울지 마라
멍멍개야 짖지 마라
왈왈패야 싸움 마라
나랏님도 조용하소
우리아기 잠들었네

그들이 거기에 머무는 동안 마리아는 해산 날이 되어, 첫아들을 낳았다.
그들은 아기를 포대기에 싸서 구유에 뉘었다.
여관에는 그들이 들어갈 자리가 없었던 것이다.

루카 2, 6-7

불감증

신부님이 길 가는 사람들에게
새로 나온 술이라며 한 잔씩 권하며 물었다.
"혀가 아닌 영혼으로 맛본 느낌을
말해 주십시오.
맛이 어떻습니까?"
사람들은 하나 같이 대답했다.
"모르겠는데요."

과방장은 포도주가 된 물을 맛보고 그것이 어디에서 났는지 알지 못하였지만,
물을 퍼 간 일꾼들은 알고 있었다. 그래서 과방장이 신랑을 불러 그에게 말하였다.
"누구든지 먼저 좋은 포도주를 내놓고, 손님들이 취하면 그보다 못한 것을 내놓는데,
지금까지 좋은 포도주를 남겨 두셨군요."

요한 2, 9-10

어느 면접시험 교수의 고백

"선배들이 많이 출세한
명문과라고 해서 왔습니다."
"이 과를 나오면
취직이 잘된다고 해서 왔습니다."
"솔직히 수능 점수에 맞춰서 왔습니다."
진리의 빛을 좇아왔다고 한 지망자는
한 사람도 없었음.

그들은 임금의 말을 듣고 길을 떠났다. 그러자 동방에서 본 별이 그들을 앞서 가다가,
아기가 있는 곳 위에 이르러 멈추었다. 그들은 그 별을 보고 더없이 기뻐하였다.
그리고 그 집에 들어가 어머니 마리아와 함께 있는 아기를 보고 땅에 엎드려 경배하였다.
또 보물 상자를 열고 아기에게 황금과 유향과 몰약을 예물로 드렸다.

마태 2. 9-11a

오늘 이 자리에서

아우가 말했다.
"나도 힘을 키워서 훗날, 묶인 사람에게
해방을 주고 눈먼 사람을 보게 하고
억눌린 사람에게 자유를 주겠습니다."
형이 대답했다.
"먼 훗날이 아니라 '오늘 지금 이 자리'에서
미소를 띠우는 것, 쓰레기 하나를 줄이는 것,
그리고 한발 양보하는 것도 복을 짓는 일이다."

예수님께서 그들에게 말씀하기 시작하셨다.
"오늘 이 성경 말씀이 너희가 듣는 가운데에서 이루어졌다."
루카 4, 21

수도원 일기 16

방에 베드로 형이 집어준
사과 하나와 단감 하나가 있는데
칼이 없어 며칠째 못 벗겨 먹는다.
아침 식사는 빵과 우유와 사과를
선택할 수 있으므로
포크와 칼이 나온다.
오늘 아침에는 식당의 칼을
반납하지 않고 슬쩍 들고 오리라,
미사 때부터 벼르다. 그런데 웬걸,
오늘따라 사과가 나오지 않고
포도 주스가 봉지로 나와서
칼이 비치지 않지 않는가.
'장난이 짖궂기도 하신 분!'
혼자 몰래 웃다.

출신

저 사람은 형편없는 지방 출신이지 않은가.
저 사람은 학교도 다니지 않았지 않은가.
저 사람은 목수의 자식이 아닌가.
저 사람은 마구간에서 태어난 자식이 아닌가.
— 어떠한 비하에서도 화내지 말 것.
이 사람보다는 나은 출신일 것이므로.

그러자 모두 그분을 좋게 말하며,
그분의 입에서 나오는 은총의 말씀에 놀라워하였다.
그러면서 "저 사람은 요셉의 아들이 아닌가?" 하고 말하였다.

루카 4. 22

저는 죄인입니다
-일본 대지진을 보고

컴퓨터만을 믿었습니다.
경제만을 좇았습니다.
핵만 무서워하였습니다.

시몬 베드로가 그것을 보고 예수님의 무릎 앞에 엎드려 말하였다.
"주님, 저에게서 떠나 주십시오. 저는 죄 많은 사람입니다."
사실 베드로도, 그와 함께 있던 이들도 모두 자기들이 잡은
그 많은 고기를 보고 몹시 놀랐던 것이다.

루카 5, 8-9

어떤 반항

"우리한테 시달리다니요?
그런 애먼 소리가 어디 있습니까?
우리는 결코 가져 달라고
인간들에게 사정한 적이 없습니다.
인간들이 자청해 소유한 것이지요.
에이즈를 보셔요. 인간들이 옮기고 있지,
에이즈가 저절로 불어나고 있습니까?"

–더러운 영 협동조합장

불행하여라, 지금 웃는 사람들!
너희는 슬퍼하며 울게 될 것이다.
모든 사람이 너희를 좋게 말하면, 너희는 불행하다!
사실 그들의 조상들도 거짓 예언자들을 그렇게 대하였다.
루카 6, 25b-26

청개구리

"상대편을 미워하시오.
저주를 하거든 더 큰 저주를 퍼부으시오.
그리고 뺨을 치거든 박치기로 갚으시오.
그리하여야 출세합니다."
"그런 처세학에 예를 들 수 있습니까?"
"있고 말고요. 정당 대변인들을 보시오."

네 뺨을 때리는 자에게 다른 뺨을 내밀고,
네 겉옷을 가져가는 자는 속옷도 가져가게 내버려 두어라.
달라고 하면 누구에게나 주고,
네 것을 가져가는 이에게서 되찾으려고 하지 마라.
루카 6, 29-30

메아리

아이가 달려와 일렀다.
"엄마, 저 산이 날더러 개새끼래."
엄마가 조용히 말했다.
"네가 다정한 목소리로 '친구야' 하고 불러보렴.
그러면 산도 널 '친구야' 하고
부를 것이다."

"좋은 나무는 나쁜 열매를 맺지 않는다.
또 나쁜 나무는 좋은 열매를 맺지 않는다.
나무는 모두 그 열매를 보면 안다."

루카 6, 43-44a

어떤 유혹

"내 앞에 엎드려 절하면 너희 자식의
대학 입시 문제를 해결해 주겠다."
"감사합니다, 나의 주님.
저는 당신의 것입니다."

그런데 악마가 그분께, "당신이 하느님의 아들이라면
이 돌더러 빵이 되라고 해 보시오" 하고 말하였다.
예수님께서 그에게 대답하셨다.
"'사람은 빵만으로 살지 않는다.'고 성경에 기록되어 있다."
루카 4, 3-4

수도원 일기 17

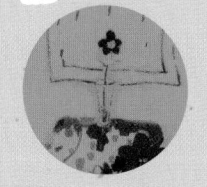

작은 쪽지에서

잠자고 있다. 사람들은 잠자고 있다.
이 잠은 보통의 잠이 아니라
형이상학적인 잠이다. 분명 깨어 있다고
생각할 때에도 그대는 잠자고 있다.
눈꺼풀을 크게 열고, 거리를 활보하고
사무실에서, 길에서 일을 할 때에도
그대는 잠자고 있다.
그대는 어디서나 잠자고 있다.

-오쇼 라즈니쉬

환영

내가 영세 받기 전에 일이다.
"성당에 나오시지요" 하고 권하는
신부님께 내가 물었다.
"거기는 죄 없는 사람이나
다니는 곳 아닙니까?"
그러자 신부님이 이렇게
반문하는 것이었다.
"세탁소에 어디 깨끗한 옷이 갑니까?
더러운 옷일수록 세탁소를 찾는 것 아닙니까?"

세리들과 죄인들이 모두 예수님의 말씀을 들으려고 가까이 모여들고 있었다.
그러자 바리사이들과 율법 학자들이, "저 사람은 죄인들을 받아들이고
또 그들과 함께 음식을 먹는군" 하고 투덜거렸다.

루카 15, 1-3

회개하지 않으면
–어느 묘비명墓碑銘에서

오늘은 내 차례
내일은 네 차례

예수님께서 이러한 비유를 말씀하셨다.
"어떤 사람이 자기 포도밭에 무화과나무 한 그루를 심어 놓았다.
그리고 나중에 가서 그 나무에 열매가 달렸나 하고 찾아보았지만
하나도 찾지 못하였다. 그래서 포도 지배인에게 일렀다.
'보게, 내가 삼 년째 와서 이 무화과나무에 열매가 달렸나 하고 찾아보지만
하나도 찾지 못하네. 그러니 이것을 잘라 버리게. 땅만 버릴 이유가 없지 않은가?'"

루카 13, 6-7

먼저

술 취한 형을 고자질하러 온
술 취한 동생에게 아버지가 말했다.
"너 먼저 깨어라."

그들이 줄곧 물어대자 예수님께서 몸을 일으키시어 그들에게 이르셨다.
"너희 가운데 죄 없는 자가 먼저 저 여자에게 돌을 던져라."
그리고 다시 몸을 굽히시어 땅에 무엇인가 쓰셨다.

요한 8, 7-8

하느님이 좋아하시는 기도

아버지 이 고통을 저에게서 거두어 주십시오.
그러나 제 뜻대로 하지 마시고
아버지의 뜻대로 하십시오.
(자식이 부모에게 얻고자 할 때 어떻게
하는 것이 없는데도 주고 싶어질까.)

예수님께서는 다시 큰 소리로 외치시고 나서 숨을 거두셨다.
그러자 성전 휘장이 위에서 아래까지 두 갈래로 찢어졌다.
땅이 흔들리고 바위들이 갈라졌다.
마태 27, 50

수도원 일기 18

약수터에 올라갔다 내려오다.
개 녀석이 어슬렁어슬렁 다가와서
내 옷 내음을 맡아 보고는 물러가
잔디밭에 눕는다.
현관에서 신을 벗어 신발장 속에 넣는데
외지인이 불쑥 들어와서 김 누군가를 찾는다.
고개를 저어서 모르겠다는 표시를 했더니
'이 집에는 멀쩡한 벙어리들만 있나 원'
어쩌고 하면서 나간다.
2층 복도의 괘종시계 추 소리만
재깍재깍 들릴 뿐 너무도 고요하여
시골집에서 혼자 집 보던 일이 생각난다.
수사님들은 무얼 할까 하고
시간표를 보니 성체조배 시간이네.

장외 홈런

"엄마, 내가 응원한 야구팀이
아슬아슬하게 이겼어요."
"우리 편은 장외 홈런을 쳐서 이겼단다."
"상대방은 누군데요?"
"죽음!"

시몬 베드로가 뒤따라와서 무덤으로 들어가 아마포가 놓여 있는 것을 보았다.
예수님의 얼굴을 쌌던 수건은 아마포와 함께 놓여 있지 않고,
따로 한곳에 개켜져 있었다.

요한 20, 6-7

의심

누에들은 맛있는 뽕잎을 찾아다니며
먹고 살기에 바빴다. 그런데 소문이 쫙 퍼졌다.
무덤이라고 생각했던
고치 속에서 나비가 한 마리 나와서
푸른 하늘로 훨훨 날아갔다는 것이었다.
대부분의 누에들은
웃기는 소리 말라고 했다. 그런데…….

그날 곧, 주간 첫날 저녁이 되자, 제자들은 유다인들이 두려워 문을 모두 잠가 놓고 있었다.
그런데 예수님께서 오시어 가운데에 서시며,
"평화가 너희와 함께" 하고 그들에게 말씀하셨다.
이렇게 말씀하시고 나서 당신의 두 손과 옆구리를 그들에게 보여 주셨다.
제자들은 주님을 뵙고 기뻐하였다.

요한 20, 19-20

아침

형이 밖을 내다보며 소리쳤다.
"놀라운 기적이다."
아우가 밖을 내다보았으나 기적이라고
할 수 있는 것은 아무것도 없었다.
"형, 무엇이 기적이어요?"
"아침이 왔지 않느냐! 다시 시작할 수 있는
이 아침이 온 것보다 더 큰 기적이 어디 있겠느냐!"

어느덧 아침이 될 무렵, 예수님께서 물가에 서 계셨다.
그러나 제자들은 그분이 예수님이신 줄을 알지 못하였다.
요한 21, 4

머리카락의 생명

갖은 정성과 치장을 받던 머리카락이 더
좋은 일이 있을까 하여 슬그머니 머리를
떠났다.
그러나 그때부터 머리카락한테 오는 것은
모멸과 경원뿐이었다.
머리카락이 쓰레기통 속으로 처박히면서
한 한마디는 이렇다.
"생명은 마땅히 있을 곳에 있을 때에만 생명이다.
있지 않을 곳에 있는 것은 곧 죽음이다."

나는 그들에게 영원한 생명을 준다.
그리하여 그들은 영원토록 멸망하지 않을 것이고,
또 아무도 그들을 내 손에서 빼앗아 가지 못할 것이다.
요한 10. 28

어떤 대화

"이제 막 영세를 한 사람입니다.
마음에 새기고 살아갈 한마디만 해주십시오."
"갈치를 싼 종이에서는 비린내가 나고
유자를 싼 종이에서는 유자 향이 나는 법입니다.
예수님 냄새가 나는 삶을 사십시오."

유다가 나간 뒤에 예수님께서 말씀하셨다.
"이제 사람의 아들이 영광스럽게 되었고, 또 사람의 아들을 통하여
하느님께서도 영광스럽게 되셨다. 하느님께서 사람의 아들을 통하여
영광스럽게 되셨으면, 하느님께서도 몸소 사람의 아들을 영광스럽게 하실 것이다.
이제 곧 그를 영광스럽게 하실 것이다.

요한 13. 31-32

함께 사는 바다

헤어졌던 물들이 바다에서
마침내 다시 만나 이런 노래를
파도로 부르고 있다.
"헤어지고 만나고, 만나고 헤어짐은
저 세상 물에서의 일이었네.
이제 우리는 영원히 함께 살면서
기다리네, 나의 형제들을."

나는 너희에게 평화를 남기고 간다. 내 평화를 너희에게 준다.
내가 주는 평화는 세상이 주는 평화와 같지 않다.
너희 마음이 산란해지는 일도 겁을 내는 일도 없도록 하여라.
'나는 갔다가 너희에게 돌아온다'고 한 내 말을 너희는 들었다.

요한 14, 27-28a

수도원 일기 19

개울가로 나갔더니 간밤 추위에
얼음이 얼어 있다.
그런데도 얼음 밑으로 졸졸졸 투명한 물이
흘러 나와서 바위 위로
떨어지는 소리가 청랭하게
귀를 씻어 준다.
높은 소나무 잎사귀로 흘러오는 바람에
솔 향이 묻어 든다.
바위틈에 돋아 있는 하얀 고드름을 따서
입을 헹궈본다.
아! 눈, 코, 입, 귀가
새로 생겨난 것 같다.

숨소리

아우가 물었다.
"그분이 어디 계십니까?"
형이 대답했다.
"지금 너와 함께 숨을 쉬고 계신다."
"거짓말 마세요. 다른 숨소리가 어디 들려요?"
며칠 후, 아우가 달려와서 말했다.
"형, 그분의 숨소리를 이제야 알아듣습니다.
나와 함께 지금 똑같이 들이쉬고 내쉬니
달리 소리 날 리가 없지요."

예수께서 다시 "너희에게 평화가 있기를! 내 아버지께서 나를
보내주신 것처럼 나도 너희를 보낸다" 하고 말씀하셨다.
이렇게 말씀하신 다음 예수께서는 그들에게 숨을 내쉬시며 말씀을 계속하셨다.

요한 20, 21-22

하느님의 삐삐

풀잎이 가늘게 가늘게 흔들리는 것을 보고 있던
신부님이 황급히 돌아서면서 말했다.
"하느님이 삐삐치고 계시구먼요.
들어가 봐야겠습니다."

아버지께서 가지고 계신 것은 모두 나의 것이다.
그렇기 때문에 성령께서 나에게서 받아
너희에게 알려 주실 것이라고 내가 말하였다.

요한 16, 15

배부른 날

"아무것도 먹지 않았는데도
배가 충만한 적이 있지."
"정말 그런 때가 있어요?"
"그럼, 애타게 사랑하는 사람과 있을 때는
배도 고프지 않던데."

예수님께서는 빵 다섯 개와 물고기 두 마리를 손에 들고
하늘을 우러러 그것들을 축복하신 다음 떼어 제자들에게 주시며,
군중에게 나누어 주도록 하셨다. 사람들은 모두 배불리 먹었다.
그리고 남은 조각을 모으니 열두 광주리나 되었다.

루카 9, 16-17

핑계

인간 세상으로 첫 낚시질을 떠나는
새내기 악마한테 고참 악마가 살짝 귀띔해 주었다.
"핑계가 많은 인간한테 낚싯밥을 던지게나.
그리하면 자네의 바구니는 차고 넘칠 것이네."

또 다른 사람이 "주님, 저는 주님을 따르겠습니다.
그러나 먼저 가족들에게 작별 인사를 하게 허락해 주십시오" 하고 말하였다.
예수님께서 그에게 이르셨다. "쟁기에 손을 대고
뒤를 돌아보는 자는 하느님 나라에 합당하지 않다."

루카 9, 61-62

무전여행

무전여행을 떠나는 아우에게 형이 준 메모 내용.

- 짐을 최소화할 것
  - 지칠 때는 눈썹 하나 뽑아서 버리는 것으로도 먼 길을 그만큼 당겨 준다.

- 잡사에 관심을 버릴 것
  - 특히 이성에 눈독을 들이면 화를 입는다.

- 품삯으로 음식을 구할 것
  - 공짜에는 품삯보다 비싼 대가가 따른다.

- 기쁜 소식을 전하는 사람일 것
  - 사람의 본분이다.

돈주머니도 여행 보따리도 신발도 지니지 말고, 길에서 아무에게도 인사하지 마라.
어떤 집에 들어가거든 먼저 '이 집에 평화를 빕니다' 하고 말하여라.
그 집에 평화를 받을 사람이 있으면 너희의 평화가 그 사람 위에 머무르고,
그렇지 않으면 너희에게 되돌아올 것이다.

루카 10, 4-6

현대인의 이웃

"이웃을 정말 사랑합니까?"
"그럼요, 한시라도 못 보면 안 되는걸요."
"그렇게 지극한 이웃이 누구인지요?"
"텔레비전입니다."

그가 "'네 마음을 다하고 네 목숨을 다하고 네 힘을 다하고 네 정신을 다하여
주 너의 하느님을 사랑하고 네 이웃을 너 자신처럼 사랑해야 한다' 하였습니다" 하고
대답하자, 예수님께서 그에게 이르셨다.
"옳게 대답하였다. 그렇게 하여라. 그러면 네가 살 것이다."

루카 10, 27-28

수도원 일기 20

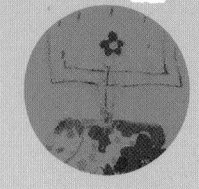

큰일 날 뻔했다
저녁 식사를 하고 나오는데
휴게실 탁자 위에 올려져 있는 신문이
날쌔게 덤비다. 불이 켜져 있지
않았기 망정이지 만일 밝혀져 있었더라면
(TV, 라디오, 신문, 다 금하고 있는데도)
내 눈의 습관으로는 1면 제목쯤은 얼른
훔쳐보고도 남았을 테지….

가짜 예수 되는 순서

첫 번째, 물불 가리지 않고 예수를 찾아다니며
자기는 예수 편이라고 한다.

두 번째, 자기 있는 곳으로 예수를 오라 하고
예수가 자기편이라고 한다.

세 번째, 자기가 어디에 있든 예수와 함께 한다고 하며
자기가 하는 일은 죄도 죄가 되지 않는다고 한다.

예수님께서 이르셨다.
"너희는 속는 일이 없도록 조심하여라. 많은 사람이 내 이름으로 와서,
'내가 그리스도다', 또 '때가 가까웠다' 하고 말할 것이다.
그들 뒤를 따라가지 마라."

루카 21, 8

한마음

"내 공부 비결은 간단합니다.
우선 마음을 분주하지 않게 하였습니다.
그리고 선생님의 말씀을 한마디도
놓치지 않고 심지어 숨소리까지도
열심히 들었을 뿐입니다."

−어느 대학 수석 합격자의 말

주님께서 마르타에게 대답하셨다.
"마르타야, 마르타야! 너는 많은 일을 염려하고 걱정하는구나.
그러나 필요한 것은 한 가지뿐이다. 마리아는 좋은 몫을 선택하였다.
그리고 그것을 빼앗기지 않을 것이다."

루카 10, 41b-42

자기도 모르는 자기

"선생님이 바라시는 사람은
어떤 사람입니까?"
"본색이 하나인 사람이지."
"본색은 어떻게 알아봅니까?"
"그 사람이 흥분하면 알지.
자기도 모르는
본래의 자기가 나오거든."

베드로는 자기가 무슨 말을 하는지도 몰랐다.
베드로가 이렇게 말하는데 구름이 일더니 그들을 덮었다.
그들이 구름 속으로 들어가자 제자들은 그만 겁이 났다.

루카 9, 33b-34

빈손

밤낮으로 돈만을 쫓아다녀서 마침내
재물창고를 꽉 채운 사람에게
암이 찾아왔다.
어찌할 수 없이 죽음을 맞게 된
그 사람이 자식들에게 유언했다.
"입관할 때 내 관의 팔 근처를 뚫어서
두 손을 바깥으로 내놓아라."
"아니 아버지, 왜 그렇게 해야 합니까?"
"세상 사람들한테 빈손으로 돌아간다는 것을
확인케 하고 싶어서 그런다."

"너희는 가진 것을 팔아 자선을 베풀어라.
너희 자신을 위하여 해지지 않는 돈주머니와
축나지 않는 보물을 하늘에 마련하여라.
거기에는 도둑이 다가가지도 못하고 좀이 쏠지도 못한다.
사실 너희의 보물이 있는 곳에 너희의 마음도 있다."

루카 12, 33-34

이유 있는 별리別離

"한 줄기에 달려 나온 고구마라도
썩은 고구마와 성한 고구마는
과감히 갈라 놓아야 합니다.
그렇지 않고 한 자루 속에 넣어두면
그 자루 속 고구마 전체를
썩게 하니까요."

아버지가 아들에게 아들이 아버지에게
어머니가 딸에게 딸이 어머니에게
시어머니가 며느리에게 며느리가
시어머니에게 맞서 갈라지게 될 것이다.

루카 12, 53

수도원 일기 21

산책 길 양지바른 곳에 무덤 하나 있고,
거기서 겨울 한철 피정하고 있는 잔디가 곱다.
오늘은 그 잔디 위에 벌렁 누워
청랭한 하늘을 우러르니 눈이 부시다.
고등학교 시절에 자주 했던 것처럼
윗저고리를 벗어 얼굴을 덮고 있으니
들리는 것은 솔바람 소리뿐.
한숨 잠이 들었는지도 모르겠다.
저고리를 젖히고 보니 언제 오셨는지
흰 구름 두어 덩이가 하늘 위에서
나를 내려다보고 있다.
"접니다. 추해져서 알아보기 어려우시죠?"
이런 응대를 하고, 다시 저고리로
얼굴을 덮고 있다가 눈을 뜨다.
아, 흰 구름은 간 데 온 데 없네.
허공이 나를 안고 있네.

좁은 문

사금을 채취하러 나가기 위해 체를 고르는
아들한테 아버지가 말했다.
"그물코가 좁고, 늘어나 있지 않은 것을
택하거라. 모래는 굵고 가벼우나
금은 작고 무거운 것이거든."

예수님께서 그들에게 이르셨다. "너희는 좁은 문으로 들어가도록 힘써라.
내가 너희에게 말한다. 많은 사람이 그곳으로 들어가려고 하겠지만
들어가지 못할 것이다."

루카 13, 23b-24

옷걸이들 세상

세탁소에 갓 들어온 새 옷걸이에게
고참 헌 옷걸이가 한마디 하였다.
"너는 옷걸이라는 것을
한시도 잊지 말길 바란다."
"왜 옷걸이라는 것을 그렇게 강조하시는지요?"
"잠깐씩 입혀지는 옷이 자기의 신분인 양
교만해지는 옷걸이들이 많은 세상이기 때문이다."

"누구든지 자신을 높이는 이는 낮아지고
자신을 낮추는 이는 높아질 것이다."
루카 14, 11

이상한 환영

"다른 여인숙 주인들은 돈 많은 사람을 서로
맞아들이려고 싸움까지 벌이는데 저곳에서는
유독 빈자들을 반기고 있습니다.
주인이 누굽니까?"
"예수라고 하던데……."

그가 아직도 멀리 떨어져 있을 때에 아버지가 그를 보고
가엾은 마음이 들었다. 그리고 달려가 아들의 목을 껴안고 입을 맞추었다.
아들이 아버지에게 말하였다. '아버지, 제가 하늘과 아버지께 죄를 지었습니다.
저는 아버지의 아들이라고 불릴 자격이 없습니다.'

루카 15, 20b-21

사람 사치

왕한테는 두 딸이 있었다.
어느 날 왕은 두 딸에게 치장 솜씨를
한번 보고 싶다고 하였다.
큰딸은 비단옷에 귀걸이 팔걸이 등
온갖 사치를 다 하고 나왔다.
그러나 작은딸은 밝은 친구들과 함께 나와
의아하게 쳐다보는 왕한테 말했다.
"아버지, 저는 사람 사치를 합니다."

"내가 너희에게 말한다. 불의한 재물로 친구들을 만들어라.
그래서 재물이 없어질 때에 그들이 너희를 영원한 거처로 맞아들이게 하여라."

루카 16. 9

느낌 차이, 하늘과 땅

1번 아이가 주사를 맞는다.
2번 아이가 얼굴을 찌푸리며 운다.
3번 아이가 부들부들 떨고 있다.

1번 어른이 주사를 맞는다.
2번 어른이 무표정한 얼굴로 본다.
3번 어른이 키들키들 웃고 있다.

"내가 진실로 너희에게 말한다.
너희가 회개하여 어린이처럼 되지 않으면,
결코 하늘나라에 들어가지 못한다."

마태 18, 3

믿음

아무것도 아니면서도
가장 값 높은 보석.
깃털보다도 가벼우면서도
강철보다도 무서운 것.
아기는 푸는데도
컴퓨터는 풀지 못하는 신비.
마음먹기에 따라서 병균이기도 하고
약이기도 한 것.

그러자 주님께서 이르셨다.
"너희가 겨자씨 한 알만 한 믿음이라도 있으면,
이 돌무화과나무더러 '뽑혀서 바다에 심겨라' 하더라도,
그것이 너희에게 복종할 것이다."

루카 17, 6

수도원 일기 22

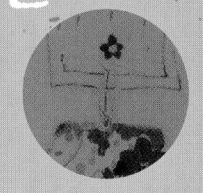

창가에 서니 서편에
잘 익은 사과 덩어리 같은 해가 지고 있다.
서둘러서 양말을 신다.
와이셔츠를 입고, 넥타이를 매고,
머리를 빗고, 신발을 신고.
마침내 정장을 하고 의장대처럼
부동자세로 서서 지는 해에게 경례를 한다.
너무도 존경스러워서.

십일조

가뭄 들면 비 내려 달라고,
장마 들면 비 그치게 해달라고 빌던 많은 사람들이
추수 감사를 하러 오는 사람은
열에 하나밖에 안 된다는 뜻.
이를 두고 화장실 갈 때 마음 다르고 올 때
마음 다르다는 말도 있음

−현대어 사전

그러자 예수님께서 말씀하셨다. "열 사람이 깨끗해지지 않았느냐?
그런데 아홉은 어디에 있느냐? 이 외국인 말고는 아무도 하느님께
영광을 드리러 돌아오지 않았단 말이냐?" 이어서 그에게 이르셨다.
"일어나 가거라. 네 믿음이 너를 구원하였다."

루카 17, 17-19

의심

교수 악마 연구실로 제자가 찾아와서 말했다.
"그 두 인간은 우리 꾐에
도저히 넘어가지 않습니다."
교수 악마가 씩 웃으며 말했다.
"이 답답한 녀석아.
둘의 마음속에 의심을 집어넣어라.
그리하면 우리 뜻대로 될 것이다."

"사람의 아들이 올 때에
이 세상에서 믿음을 찾아볼 수 있겠느냐?"

루카 18, 8b

최고의 낮은 터

물은 낮은 데로 흐른다.
사랑도 낮은 데로 흐른다.
하늘이 높은 데 걸린 것은
최고의 낮은 터이기 때문.

"누구든지 자신을 높이는 이는 낮아지고
자신을 낮추는 이는 높아질 것이다."

루카 18, 14b

죄의 집

형과 아우가 대화하고 있었다.
"저 분의 집은 폭삭 내려앉았겠어요."
"무슨 말이니?"
"아, 내 탓이오. 하면서 저렇게 가슴을 치니
마음속 죄의 집이 어디 견뎌 나겠어요?"
"아니야, 죄의 집터를 다지고 있는 모양인지
날로 단단해지고 있다."

예수님께서 거기에 이르러 위를 쳐다보시며 그에게 이르셨다.
"자캐오야, 얼른 내려오너라. 오늘은 내가 네 집에 머물러야 하겠다."
자캐오는 얼른 내려와 예수님을 기쁘게 맞아들였다.
그것을 보고 사람들은 모두 "저이가 죄인의 집에 들어가 묵는군" 하고 투덜거렸다.
루카 19, 5-7

수도원 일기 23

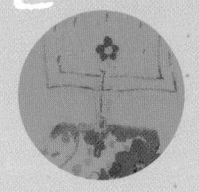

전장에 나서는 병사처럼
짐을 꾸리다.
지갑, 그 속에 군번(주민등록증)이
있나 없나, 총(돈)이 있나 없나…….
신발 끈을 묶는데 눈물이 핑 돈다.

왕관의 변화

신비한 왕관이 있었다.
쓰는 사람에 따라 변화가 나타나기 때문이었다.
네 사람이 들어가서
관을 써보기로 했다.
첫째 사람이 쓰자 투구로 변했다.
주인이 말했다. "당신은 무력을 따르는군."
둘째 사람이 쓰자 감투로 변했다.
"당신은 권력을 쫓는군."
셋째 사람이 쓰자 금관으로 변했다.
"당신은 돈을 좋아하는군."
넷째 사람이 쓰자 가시관으로 변했다.
"당신은 그리스도인이군."

예수님의 머리 위에는
'이자는 유다인들의 임금이다' 라는 죄명 패가 붙어 있었다.
루카 23, 38

하얀 기도

주님 탄생으로
저도 새로 납니다.
원수 갚은 사람에서
은혜 갚는 사람으로.

"마리아가 아들을 낳으리니 그 이름을 예수라고 하여라.
그분께서 당신 백성을 죄에서 구원하실 것이다."
주님께서 예언자를 통하여 하신 말씀이 이루어지려고 이 모든 일이 일어났다.
곧 "보아라, 동정녀가 잉태하여 아들을 낳으리니
그 이름을 임마누엘이라고 하리라" 하신 말씀이다.

마태 1, 21-23

성가정의 조건

소유의 양이 기준이 아니다.
적게 가져도 만족하면 부자이나
많이 가지고도 만족하지 못하면 빈자이다.

요셉은 일어나 아기와 그 어머니를 데리고 이스라엘 땅으로 들어갔다.
그러나 아르켈라오스가 아버지 헤로데를 이어 유다를 다스린다는 말을 듣고,
그곳으로 가기를 두려워하였다. 그러다 꿈에 지시를 받고 갈릴래아 지방으로 떠나,
나자렛이라고 하는 고을로 가서 자리를 잡았다.

마태 2, 21-22

나를 따라오너라.
내가 너희를 사람 낚는 어부가 되게 하겠다.

마르 1, 17

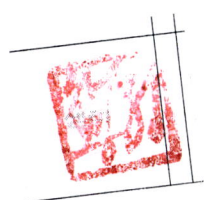

간장종지

2008년 3월 27일 초판 1쇄 인쇄
2008년 4월 10일 초판 1쇄 발행

지은이 정채봉
펴낸이 김성구

편집장 홍승범
책임편집 표세현
디자인 여종욱
마케팅 이택수 최윤호 손기주 송영호
제작 신태섭
관리 김현영

펴낸 곳 (주)샘터사
등록 2001년 10월 15일 제1-2923호
주소 서울시 종로구 동숭동 1-115 (110-809)
전화 763-8961~6(출판사업부) 742-4929(영업마케팅부)
팩스 3672-1873 **홈페이지** www.isamtoh.com **이메일** book@isamtoh.com

ⓒ 김순희 2008, Printed in Korea.

이 책은 저작권법에 따라 보호를 받는 저작물이므로 무단 전재와 무단 복제를 금지하며,
이 책의 내용의 전부 또는 일부를 이용하려면 반드시 저작권자와 (주)샘터사의 서면 동의를 받아야 합니다.

ISBN 978-89-464-1722-9 03810

이 도서의 국립중앙도서관 출판시도서목록(CIP)은
e-CIP 홈페이지(http://www.nl.go.kr/cip.php)에서 이용하실 수 있습니다(CIP제어번호: CIP2008000971).